GUIA DA BOA SAÚDE

Dieta detox

Jeanne Margareth

Índice

Faça a Dieta Detox
e sinta-se mais leve e saudável 04

Preparando o Organismo
para o período Detox 08

Chás
Um verdadeiro aliado na Dieta Detox 10

Detox
A Limpeza Profunda 12

Dieta Detox
para uma semana 18

As Receitas Detox
da semana 26

Entrevista com
Gabriela Bayerlein.. 46

Esclareça as Dúvidas
sobre Detox.. 47

Editorial

Esta edição da série **Guia da Boa Saúde** trata da dieta detox — entre tantas, a detox tornou-se a dieta da moda, porque propõe uma alimentação natural e sem tantas privações; também, comprovadamente, ela não prejudica o organismo e pode ser feita em períodos mais curtos que as dietas comuns.

Assim, detox é um programa alimentar de nutrição funcional, um tipo de dieta que ajuda o organismo a trabalhar melhor, se livrando das toxinas. Os resultados de uma detox bem feita são, em resumo, o emagrecimento, o aumento sensível da energia e uma boa melhoria no aspecto da pele.

> *Detox é um programa alimentar de nutrição funcional, sem tantas privações.*

O que se espera das dietas detoxificantes é que elas, além de emagrecer, reduzam o inchaço corporal, corrijam a constipação intestinal, aliviem alergias frequentes, fortaleçam unhas e cabelos e modulem o potencial inflamatório do corpo, o que é um fator essencial para prevenir doenças. A função da dieta detox é nutrir o organismo, removendo o excesso de toxinas, por meio de uma alimentação balanceada.

Em geral, as dietas detox são programas de curta ou média duração — de 3, 7 e 21 dias, e dão melhores resultados caso houver uma pré-preparação. Vamos falar dessa dieta, de que modo devemos introduzi-la no dia a dia, os benefícios que ela traz e, por fim, vamos dar sugestões de cardápio e várias receitas saborosas.

Boa leitura!

Jeanne Margareth
Editora responsável

Faça a Dieta Detox
e sinta-se mais leve e saudável

"**D**etoxicar" significa retirar as substâncias potencialmente tóxicas do organismo. Essas substâncias são chamadas de *xenobióticos*, elas são geradas pelo próprio corpo, como resultado das reações de metabolismo, ou ainda podem vir de agentes externos, como agrotóxicos e aditivos químicos presentes nos alimentos que ingerimos.

O acúmulo de xenobióticos no organismo pode levar a danos importantes em nível celular, devido ao aumento na produção de radicais livres e substâncias cancerígenas. Como medida de prevenção das consequências desse acúmulo, é fundamental que seja feita periodicamente uma dieta de detoxificação, além da inclusão de alimentos detoxificantes na alimentação diária. O processo de detoxificação (ou *destoxificação*) ocorre normalmente em órgãos como o fígado e intestinos, e a ação ajuda no reequilíbrio do organismo.

> *Ao desintoxicar, ocorre uma queima de gordura mais acelerada, o que ajuda a agilizar todo o mecanismo digestivo.*

Para fazer a dieta detox, os nutricionistas recomendam que algum tempo antes a pessoa prepare o organismo para a dieta, evitando consumir doces, café, gorduras, alimentos refinados, cremes e carnes mais gordurosas, além de conservantes e corantes. Nesse período de pré-preparação, a pessoa deve ir aumentando o consumo de frutas e verduras, especialmente aquelas que mais hidratam; também precisa usar mais produtos integrais, fibras e sementes no preparo de pratos.

O que são estas toxinas?

As toxinas vêm de tudo que se consome diariamente, muitas vezes, nem nos damos conta da quantidade de corantes, agrotóxicos, gordura, açúcar, hormônios, conservantes, drogas etc., que vamos ingerindo com a alimentação.

A dieta detox age no organismo para que ele funcione melhor, e, para isso, ela desintoxica, tornando muito mais ágil o processo digestivo, a eliminação de líquidos, radicais livres e substâncias nocivas ao corpo. Ao desintoxicar, ocorre uma queima de gordura mais acelerada, o que ajuda a agilizar todo o mecanismo digestivo. Sempre que a pessoa sente o corpo pesado, o intestino preguiçoso, estafa fora do normal, ela deve recorrer a essa dieta, de modo a voltar ao ritmo regular, com o organismo revitalizado.

Quando a dieta detox deve ser feita

Conforme orientação de Adriana Ávila, nutricionista especializada em Nutrição Hospitalar, atualmente ligada ao Centro Universitário São Camilo, a lista de sintomas é bastante grande, mas entre os principais estão dificuldade de emagrecer com dietas regulares, cansaço, indisposição, irritação, falta de energia, intestino preguiçoso, dores de cabeça, gosto amargo ou metálico na boca, falhas de memória etc. Alguns sintomas saltam aos olhos, como a pele sem viço e cabelos sem brilho — tudo isso são sinais claros de alimentação inadequada, mal funcionamento dos processos digestivos. Porém, antes de qualquer ingestão ou troca de alimentos, Adriana recomenda que se consulte um médico que vai dar a segurança de um conselho profissional.

Medidas que podem ser tomadas para melhorar a digestão. Independente de qualquer dieta.

Ao comer em demasia, o que se deve fazer de imediato é passar a comer o mínimo e tomar o máximo de água, pois o líquido ajuda a "varrer" as toxinas, literalmente do organismo, preparando-o para voltar à uma alimentação adequada diária e saudável. Por **alimentação adequada** entenda-se, aquela que permite que seu organismo trabalhe livremente, com a regularidade necessária. Uma alimentação repleta de conservantes, alimentos gordurosos e farináceos como biscoitos, pães, tortas, bolos, macarrão etc., além de açúcares em demasia e pouca quantidade de vitaminas e substâncias antioxidantes vai sobrecarregar o sistema digestivo, os rins, o fígado e dificultar a eliminação, que é o final do processo digestivo.

Em condições normais, o próprio corpo dá conta de lidar com os dejetos metabólicos que se acumulam diariamente. No entanto, se isso vem acrescido de uma má alimentação, a capacidade de eliminação precisa ser dobrada, e com isso é necessário a escolha por comidas nutritivas e naturais, o aumento substancial de ingestão de líquidos, o aumento da atividade física – atitudes que caracterizam um estilo de vida mais ativo e feliz.

Alimentos proibidos e liberados na dieta detox

É proibido todo tipo de excesso, especialmente açúcares, incluindo o mascavo, gorduras, sal, álcool, laticínios, café, álcool, shoyu, frituras, embutidos, alimentos com glúten, fermentos, refrigerantes, carnes vermelhas, gordura *trans*, alimentos com agrotóxicos, chá-preto, doces, adoçantes. Trigo em grãos, farelo ou farinha, leite e seus derivados, queijos, margarina ou manteiga. São liberados os chás na sua imensa variedade, especialmente o branco, o chá-verde, de hortelã, camomila, erva-doce, erva-cidreira, carqueja. Também liberados são o arroz integral, as frutas, verduras e vegetais em geral, especialmente aqueles que possuem folhas verde-escuro. Liberados também estão as leguminosas (ervilha, feijão, grão-de-bico etc.), oleaginosas (nozes, castanhas, avelã etc.) e linhaça, mel, quinoa, amaranto, lentilha.

Outros alimentos liberados na detox são alho, gengibre, aipo, azeite, cebola, orégano, alecrim, canela, frutas secas de todos os tipos e épocas, cereais integrais, leite de arroz, curry, vinagre de maçã, água de coco, limão e todos os sucos naturais de frutas; semente de abóbora e de girassol, castanha-do-pará, castanha de caju etc.

Como se vê, a dieta detox é minimamente restritiva. Aproveite!

> *Alimentação adequada é aquela que permite que seu organismo trabalhe livremente, com a regularidade necessária.*

Preparando o Organismo para o período Detox

Antes de começar a dieta, é fundamental você preparar seu organismo para o período em que toda a sua rotina alimentar vai ser alterada. Segundo afirmam especialistas em nutrição, a adoção de algumas medidas, alterando os hábitos alimentares previamente, isso vem a melhorar e acelerar as respostas do corpo ao processo durante e após a dieta. Assim, uma semana antes de começar a dieta detox, seja criteriosa e mantenha distância dos pães, farináceos, frituras, carne vermelha, café e álcool. Cerveja, nem pensar.

Prefira consumir vegetais, legumes ricos em água e frutas diuréticas. Insira aos poucos na alimentação os alimentos oleaginosos como a linhaça, castanhas e nozes, que ao mesmo tempo em que combatem o envelhecimento precoce, limpam o organismo das toxinas.

Guia da Boa Saúde

Dicas
para tudo dar certo:

↗ Procure beber muito líquido, isso ajuda a hidratar e a repor vitaminas e sais minerais.

↗ Para auxiliar o bom funcionamento dos intestinos e rins, coma frutas com bagaço, além de beber bastante água.

↗ Para temperar os alimentos, use sempre alho, cebola e alecrim, que são agentes antioxidantes.

↗ Para ajudar na limpeza do organismo, alimente-se do enxofre orgânico encontrado no repolho, nabo, rabanete e couve-flor.

↗ Corte o café, mas se você é adepta da bebida e tiver dor de cabeça — cortar a cafeína de vez costuma provocar dores de cabeça agudas —, vá deixando o hábito de tomar café aos poucos, isso não é motivo para desistir.

↗ Recomenda-se também acrescentar chás para aumentar a diurese.

> *Uma semana antes de começar a detox, fique longe dos farináceos, frituras, carne vermelha, café e álcool.*

Chás
Um verdadeiro aliado na Dieta Detox

Ao se decidir pela dieta detox, uma das medidas mais sábias é adotar o chá como uma das suas bebidas principais. Leia a seguir sobre alguns tipos de chás e seus principais benefícios.

↗ **Chá branco** — fonte de rejuvenescimento, é emagrecedor, auxilia na digestão, é diurético, tem ação termogênica.

Guia da Boa Saúde

↗ **Chá-verde** — previne o câncer, ajuda a dormir, reduz o colesterol, e para hidratar é tão bom quanto a água.

↗ **Chá-verde com boldo e cavalinha** — tem efeito termogênico, é um chá que literalmente dissolve a gordura.

↗ **Chá de hibisco** — auxilia no emagrecimento, ajuda a aliviar a constipação intestinal e reduz o colesterol.

↗ **Chá de limão e gengibre** — este é um chá detox para o organismo, pois, ao combinar gengibre e limão, proporciona uma verdadeira limpeza, eliminando os radicais livres. É um ótimo diurético, ajuda a melhorar o sistema linfático.

↗ **Chá de carqueja com centella asiática e gengibre** — excelente para a pele, atua diretamente no fígado.

↗ **Chá de camomila** — atua no tratamento de artrite e inflamações, controla a digestão, estimula o sistema imunológico.

↗ **Chá de erva-doce** — é relaxante muscular, combate gases e cólicas, previne o mau hálito.

↗ **Chá de gengibre** — este chá é um poderoso anti-inflamatório, potencializa a absorção de nutrientes, combate a formação de gases e as náuseas; é essencial para auxiliar a digestão.

Detox
A Limpeza Profunda

Antes de iniciar a dieta é importante preparar o organismo. Por isso, fale com seu médico e só então inicie este período de atenção e cuidados na alimentação e com o próprio corpo.

– Qual o período da dieta detox?

Existem programas de 3, 7 e até 21 dias — o mais comum e recomendado é o de 7 dias.

– É possível usar a dieta detox somente em um dia?

Sim, caso tenha cometido algum excesso, especialmente em feriados, inicie a semana com "um dia detox", consumindo somente chás, sopas, caldos e sucos. Volte aos poucos à alimentação normal do dia a dia.

– De que forma selecionar os melhores alimentos, respeitando o paladar de cada pessoa?

Buscando analisar suas propriedades junto de um profissional da área. Elaborando cardápios, observando o que é permitido e proibido, além de fazer as substituições necessárias daqueles alimentos que está acostumada a ingerir todos os dias.

O Que deve ser substituído

➚ *Troque o pão branco*
Do café da manhã pelo pão integral. Das demais refeições pela tapioca ou por um mix de cereais com frutas, cuja receita vem a seguir.

> *Elabore cardápios, observando o que é permitido e proibido, faça as substituições necessárias dos alimentos a que está acostumada a ingerir diariamente.*

Mix de Frutas

Ingredientes
➚ ½ xícara (chá) de aveia em flocos grossos
➚ ½ xícara (chá) de quinoa
➚ ½ xícara (chá) de amaranto
➚ ½ xícara (chá) de linhaça dourada
➚ 2 colheres (sopa) de passas
➚ Nozes e castanhas a gosto.

Modo de preparo
Misture tudo muito bem e consuma com frutas ou com iogurte.

Saiba Mais

Diet – são alimentos ou bebidas que apresentam a ausência de determinado(s) ingrediente(s) em sua composição original. É um termo inglês que significa dieta, regime, fazer dieta, alimentar-se seguindo um regime.

Light – são alimentos ou bebidas que possuem uma redução mínima de 25% na quantidade total de um ou mais elementos de sua fórmula original. É um termo inglês que significa leve, suave.

> *Fazer a dieta detox é, antes de tudo, substituir os alimentos prejudiciais por outros saudáveis.*

Outras Substituições

↗ Substitua o arroz branco pelo arroz integral.
↗ Substitua as bebidas *diet* por bebidas *light*
↗ Substitua alimentos calóricos por outros menos calóricos
↗ Substitua alimentos integrais por desnatados, também as bebidas.
↗ Substituir manteiga, bacon, banha, toucinho etc. por margarina, azeite, óleo de milho ou girassol
↗ Substitua sal comum por sal marinho
↗ Molhos e alimentos gordurosos pelos naturais.
↗ Sorvetes à base de leite integral por sorvetes feitos com leite desnatado.

Alimentos que só Fazem Bem à Digestão

Agrião	Limpa o organismo e drena as impurezas.
Abacaxi	Fantástico! É diurético e ajuda o fígado e a digestão especialmente das gorduras.
Arroz integral	Excelente para a pele. Rico em fibras, auxilia o intestino e ajuda a eliminar toxinas.
Alho	Reduz a pressão arterial e equilibra o colesterol.
Azeite	Possui ômega 3, reduz colesterol ruim (LDL) e aumenta o bom (HDL).
Berinjela	Varre as gorduras e impurezas, é uma excelente fonte de fibras e possui ação laxante.
Beterraba	Previne o envelhecimento, é rica em vitamina A, complexo B e C.
Couve	Ajuda a oxigenação dos músculos e tecidos, é rica em ferro e vitamina K; auxilia a formação de hemoglobina, ajudando o transporte de oxigênio para os tecidos.
Cenoura	Rica em betacaroteno e vitamina A.
Castanhas	Auxiliam a manter a pele saudável, melhoram o sistema nervoso, além de combater o colesterol.
Fibras	Todos os alimentos ricos em fibras ajudam a função intestinal e a eliminação das toxinas.
Verduras de folhas escuras	São antioxidantes e fontes de clorofila, que ajudam a eliminar as toxinas do organismo.

Frutas em geral	São fontes de vitaminas, são antioxidantes e ricas em minerais que combatem os radicais livres.
Gengibre	Um poderoso desintoxicante, fortalece o sistema imunológico, é rico em fibras, auxilia a digestão, alivia a prisão de ventre e acelera o metabolismo.
Grãos integrais	Fontes de fibras que regulam o funcionamento do intestino, possuem vitamina do complexo B e ajudam a eliminar toxinas.
Laranja	Rica em fibras e vitaminas, possui ação laxativa quando ingerida com o bagaço
Legumes em geral	São fontes de minerais e vitaminas que ajudam o fígado na eliminação de impurezas.
Limão	É o curinga da saúde! Bom para quase tudo, especialmente para os aparelhos digestivo e circulatório, é um poderoso desinfetante do organismo.
Linhaça	É um excelente antioxidante que previne o envelhecimento celular. Ajuda o intestino a eliminar toxinas.
Maçã	Rica em fibras, possui elementos que "sugam" a gordura das artérias; é antiácida e dissolve o ácido úrico, auxiliando o funcionamento do fígado.
Melancia	Diurética poderosa, ajuda a faxina do organismo.
Nozes	São excelentes para o coração; além de possuirem gorduras benéficas, são um poderoso antioxidante.
Pimenta calabresa	Substitui o sal no tempero e acelera o metabolismo.
Quinoa	Uma semente nutritiva e sem glúten, rica em fibras que auxiliam a digestão.
Salsão	Previne os danos dos radicais livres e é fonte de vitamina C.

> *Na prática, a detox não priva seus adeptos da satisfação de se sentirem saciados.*

Guia da Boa Saúde

Durante a Dieta Detox fique longe de

- Produtos industrializados
- Produtos ricos em sal e/ou açúcar
- Produtos ricos em gordura
- Carnes em geral, especialmente a vermelha
- Manteiga e margarina
- Pães feitos com farinha de trigo
- Alimentos em conserva tipo "caixinha longa vida"
- Alimentos em conserva enlatados (pois dificultam a digestão e fazem mal ao fígado)

Como Proceder para Levar a Dieta até o Final

Nada mais frustrante que iniciar uma dieta e desistir no meio dela, pondo a perder todo o tempo usado na preparação e no começo da dieta — aqui estão algumas diretrizes colocadas por especialistas para que a sua dieta seja concluída com sucesso.

- Por ser a detox uma dieta que exclui um grupo de alimentos como glúten, lactose, carne vermelha e carboidratos, seu tempo deve realmente ser curto. O mais aconselhável é que ela dure 7 dias.

- Faça sempre uma pré-preparação do organismo antes de aderir à restrição, desse modo vai ficar mais fácil.

- Nunca deixe de consultar seu médico antes de iniciar qualquer alimentação que seja diferente da sua habitual.

- Se você vai restringir a carne neste período, tire todas elas (peru, porco, bovina e frango) do cardápio.

- Alimentos que contêm glúten estão proibidos: biscoitos, pães, macarrão e aveia. No caso dos leites e derivados, fique alerta para maionese comum, manteiga, creme de leite e margarina.

- Durante a dieta, resista e corte radicalmente os refrigerantes, os sucos artificiais e o café, eles podem pôr a perder todo o seu esforço.

Dieta Detox
para uma semana

Apresentamos um cardápio para você fazer a dieta detox de 7 dias — faça e você se sentirá outra pessoa!

- Segunda-feira
- Terça-feira
- Quarta-feira
- Quinta-feira
- Sexta-feira
- Sábado
- Domingo

MUITO IMPORTANTE: as receitas dos pratos estão nas páginas seguintes deste cardápio, reunidas por dia da semana.

Segunda-feira

Café da manhã	1 tapioca, 1 banana e 1 xícara (chá) de camomila
Lanche da manhã	Suco de fruta (melancia e damasco com gengibre)
Almoço	Salada quinoa especial (ver receita) **Sobremesa:** *cheesecake* de frutas vermelhas (ver receita)
Lanche da tarde	1 maçã assada
Jantar	Sopa detox especial (ver receita) 1 pimentão recheado com legumes Arroz integral (2 colheres de sopa) Champignons refogados (2 colheres de sopa)

Dieta Detox

Terça-feira

Café da manhã	2 fatias de pão sem glúten tostadas, com um fio de azeite e sal 1 copo (americano) de suco de maçã, cenoura e acelga (ver receita)
Lanche da manhã	1 banana com aveia
Almoço	1 prato de sopa Espaguete com abobrinha (3 colheres) Salada de legumes grelhados **Sobremesa:** 4 morangos
Lanche da tarde	1 taça de salada de frutas com castanhas e nozes (ver receita)
Jantar	1 prato de sopa de brócolis com mandioca (ver receita) Salada de legumes grelhados (ver receita) 2 colheres de arroz integral **Sobremesa:** 1 fatia de melão

Quarta-feira

Café da manhã	Mistura matinal (ver receita)
Lanche da manhã	Suco detox natureza (ver receita)
Almoço	Arroz integral (2 colheres de sopa) Feijão (1 concha média) Legumes ensopados (ver receita) **Sobremesa:** gelatina ágar-ágar (ver receita)
Lanche da tarde	1 fatia de mamão
Jantar	1 prato raso de creme de legumes 2 colheres (sopa) de arroz integral **Sobremesa:** 1 fatia média de melão

Dieta Detox

Quinta-feira

Café da manhã	1 copo (americano) de leite sem lactose ou iogurte também sem lactose, batido com uma pera 2 fatias de pão integral sem glúten com azeite e sal, tostados 1 maçã
Lanche da manhã	1 banana amassada com aveia ou um suco de couve com abacaxi (ver receita)
Almoço	Salada de folhas verdes da sua preferência Lasanha de abobrinha (ver receita) Shitake grelhado (ver receita) **Sobremesa:** 1 maçã assada com canela e adoçante
Lanche da tarde	1 gelatina ágar-ágar (ver receita)
Jantar	1 prato de caldo de legumes 2 colheres (sopa) de purê de abóbora com azeitonas e shitake grelhado Salada de tomate e cebola, com lascas de gengibre **Sobremesa:** 1 picolé detox (ver receita)

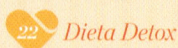

Sexta-feira

Café da manhã	1 fatia de pão sem glúten na chapa, com azeite e sal. 1 xícara de café descafeinado com leite sem lactose.
Lanche da manhã	1 salada de frutas ou suco de morango, chuchu e gengibre (ver receita)
Almoço	Sopa detox de lentilhas (ver receita) 2 colheres (sopa) de arroz integral Mix marinado especial (ver receita)
Lanche da tarde	1 fatia de melão ou melancia
Jantar	Panquecas detox de tapioca (ver receita) Salada de folhas verdes variadas **Sobremesa:** 1 cacho de uvas

Sábado

Café da manhã	Mistura especial (ver receita)
Lanche da manhã	Suco detox green (ver receita) 1 pera
Almoço	Arroz integral cozido com cenoura e champignon picados (2 colheres de sopa) 1 concha média de feijão Salada verde especial 1 prato de sopa detox fast (ver receita) **Sobremesa:** 1 banana e ½ maçã assadas com adoçante e canela
Lanche da tarde	Suco superverde detox (ver receita) 1 fatia média de melancia
Jantar	1 prato de caldo de legumes Lasanha de berinjela detox (ver receita) Suco de limão **Sobremesa:** 1 salada de frutas com gelatina ágar-ágar

Domingo

Café da manhã	1 tapioca recheada com banana e canela 1 copo (americano) de suco de laranja
Lanche da manhã	1 barra de cereais (ver receita)
Almoço	Risoto de quinoa com legumes (ver receita) Salada de folhas verdes 1 prato de creme de legumes
Lanche da tarde	1 taça de salada de frutas
Jantar	1 prato de creme de legumes Maionese com legumes (ver receita) 2 colheres (sopa) de arroz integral 1 concha média de feijão ou grão-de-bico **Sobremesa:** 1 manga

Dieta Detox

As Receitas Detox
da semana

Aqui estão várias receitas de pratos, sucos, sobremesas citados no cardápio semanal — para facilitar sua consulta, agrupamos as receitas nos dias da semana.

Segunda-feira

Salada Quinoa Especial

Ingredientes
- 2 xícaras (chá) de quinoa
- 2 xícaras (chá) de água
- 1 maço de hortelã picado
- 1 cebola roxa picada
- 1 pepino em cubos pequenos
- 1 pimentão vermelho picado
- 1 cenoura crua ou cozida picada
- 1 tomate picado
- 1 xícara (chá) de salsinha picada
- 1 xícara (chá) de cebolinha picada
- Suco de um limão
- Azeite e pimenta-do-reino
- Sal marinho a gosto

Modo de preparo
Leve a água ao fogo e deixe ferver. Depois, junte a quinoa e abaixe o fogo ao mínimo. Tampe a panela e deixe assim, cozinhando por 15 minutos ou até a água secar. Depois de tirar do fogo e esfriar, tempere com sal, pimenta e limão, e por fim, acrescente o azeite. Junte todos os outros ingredientes e misture bem, deixe descansar por alguns minutos e sirva.

Cheesecake de Frutas Vermelhas

(receita de Alfredo Laydner Filho)

Ingredientes
- 400 gramas de nata
- 250 gramas de mascarpone
- 200 gramas de queijo filadélfia
- 5 folhas de gelatina
- 200 gramas de bolacha maria
- 100 gramas de manteiga sem sal

Modo de preparo

Derreta a manteiga em banho-maria e reserve. Triture as bolachas e junte a manteiga. Coloque a mistura na base da forma, como uma torta. Leve à geladeira. Prepare a gelatina com água fria, por cinco minutos. Reserve. Ferva a nata. Retire do fogo e misture o filadélfia e o mascarpone. Volte ao fogo por mais dois minutos, mexendo sempre. Adicione a gelatina e continue mexendo por mais cinco minutos; em seguida, retire do fogo. Coloque a mistura sobre a massa de bolacha que está na geladeira. Cubra com papel filme e guarde na geladeira por toda a noite. No dia seguinte, decore o *cheesecake* com doce de frutas vermelhas e pedaços de frutas.

Sopa Detox Especial

Ingredientes

- 1 colher (sopa) de azeite
- 2 dentes de alho
- 1 xícara (chá) de peito de frango desfiado
- 1 talo de salsão com folhas
- 1 xícara (chá) de beterraba ralada
- 1 cenoura picada ou ralada
- 1 litro de água
- 1 xícara (chá) de agrião picado
- 1 colher (café) de pimenta calabresa
- Alho desidratado a gosto

Modo de preparo

Em uma panela, aqueça rapidamente o azeite e acrescente o alho e o frango, deixe dourar. Acrescente o salsão, beterraba e cenoura, deixe cozinhar por cinco minutos. Acrescente a água até que cubra os alimentos, tampe a panela e deixe ferver por 30 minutos. Bata no liquidificador e volte à panela para engrossar. Por fim, coloque por cima as folhas de agrião e misture a pimenta e o alho desidratado.

Opinião de quem conhece a dieta

↗ **Nicole Bahls**

"Não fiz a dieta detox dos 7 dias, mas sei que dá ótimos resultados. Se abuso, corro logo para um suco desintoxicante, é ótimo para o organismo."

Foto: RL Assessoria – contato@rlassessoria.com

Dieta Detox

Terça-feira

Sopa de Brócolis com Mandioca

Ingredientes
- 1 cebola picada
- 3 pedaços médios de mandioca
- 1 brócolis médio
- 2 colheres (sopa) de salsa picada
- Água quente para cobrir os legumes
- Sal marinho
- 1 colher (sopa) de linhaça dourada
- 1 colher (sopa) de gergelim
- Azeite
- 1 dente de alho amassado
- Pimenta-do-reino e sal a gosto

Modo de preparo
Em uma panela, aqueça o azeite e coloque o alho, mais sal, pimenta-do-reino e a cebola. Refogue a mandioca, o brócolis e a salsa por cinco minutos. Cubra com a água quente e deixe cozinhar até os legumes estarem moles. Deixe esfriar e bata no liquidificador. Tempere com sal e volte a aquecer. Quando levantar fervura, adicione a linhaça e o gergelim. Sirva em seguida.

Salada de Legumes Grelhados

Ingredientes
- Pimentão, berinjela, abobrinha e alho-poró cortados em fatias finas
- Folhas inteiras de rúcula
- Folhas picadas de hortelã
- Azeite e sal a gosto

Modo de preparo
Coloque um fio de azeite em frigideira antiaderente, deite os legumes (pimentão, berinjela, abobrinha e alho-poró) na frigideira; salpique o sal; em um prato, coloque as folhas de rúcula e, no meio delas, os legumes grelhados; salpique as folhas de hortelã picadas. Regue com azeite e sal a gosto. Sirva em seguida.

Suco de Maçã, Cenoura e Acelga

Ingredientes
- 1/2 xícara (chá) de cenoura picada
- 4 folhas médias de acelga
- 1 copo (americano) de suco de maçã
- Gelo e adoçante a gosto

Modo de preparo
Bata tudo no liquidificador, coe e adoce com o adoçante de sua preferência.

Dieta Detox

Guia da Boa Saúde

Salada de Frutas com Castanhas e Nozes

Ingredientes
- 1 banana
- ½ pera
- ½ maçã
- ½ pêssego
- Castanhas e nozes trituradas
- 1 tangerina
- ½ maracujá
- 1 fatia de abacaxi
- Adoçante opcional

Modo de preparo
Corte todas as frutas em pequenos quadrados e misture bem; adoce, se preferir, e sirva em seguida

Opinião de quem conhece a dieta

↗ **Mara Maravilha**

"Passei recentemente por uma reeducação alimentar, perdi 12 quilos e a dieta detox ajudou muito nesse processo."

Foto: RL Assessoria – contato@rlassessoria.com

Quarta-feira

Mistura Matinal

Ingredientes
- 1 colher (sopa) de quinoa
- 1 castanha picada
- ½ mamão papaia picado
- 1 figo picado
- 1 colher (sopa) de chia

Modo de preparo
Misture bem todos os ingredientes em uma tigela. Acrescente iogurte, se desejar.

Suco Detox Natureza

Ingredientes
- 1 colher (chá) de linhaça dourada
- 1 laranja (suco)
- 1 maracujá
- 2 folhas de couve
- Gelo e adoçante a gosto

Modo de preparo
Leve todos os ingredientes ao liquidificador. Bata bem e beba em seguida.

Opinião de quem conhece a dieta

↗ **Gaby Amarantos**

"Agora que descobri esta maravilha de detox estou adorando a nova fase e virando fã dos sucos verdes."

Foto: Divulgação Rede Globo/João Cotta

Dieta Detox

Legumes Ensopados

Ingredientes
- 1 pimentão vermelho
- 1 pimentão amarelo
- 2 tomates
- 1 berinjela
- 1 abobrinha
- 1 batata-inglesa
- 1 batata-doce
- 1 cenoura
- Azeitonas
- Alho-poró e pimenta-do-reino a gosto
- Azeite

Modo de preparo
Corte os legumes em quadrados médios; coloque água numa panela e deixe ferver. Adicione os legumes mais duros, como batatas e cenoura. Assim que estiverem amolecidos, adicione os outros ingredientes. Feche a panela e deixe cozinhar. Assim que estiverem cozidos e cremosos, adicione o alho-poró. Deixe no fogo mais cinco minutos e desligue. Sirva quente, salpicando a pimenta-do-reino.

Gelatina Ágar-ágar

Ingredientes
- 1 ½ xícara (chá) de seu suco de fruta preferido
- 1 colher (sopa) de ágar-ágar

(A receita rende uma taça)
Obs.: ágar-ágar é facilmente encontrado em lojas de produtos naturais.

Modo de preparo
Coloque o seu suco já adoçado com adoçante em uma panela. Adicione o ágar-ágar e misture bem. Leve ao fogo mexendo sempre ou até levantar fervura. Coloque em uma taça e deixe esfriar. Se preferir, adicione sua fruta favorita em pedaços. Leve à geladeira antes de servir.

Quinta-feira

Suco Verde de Couve e Abacaxi

Ingredientes
- 1 folha média de couve
- 1 rodela grossa de abacaxi
- 1 copo (americano) de água de coco
- 4 folhas de hortelã
- Gelo e adoçante a gosto

Modo de preparo
Bata tudo no liquidificador, coe e adoce.

Opinião de quem conhece a dieta

↗ **Anitta**

"*Voltei a malhar, vou desacostumar das toneladas de besteiras que comia. Quero ficar saudável e no peso certo.*"

Foto: Divulgação Rede Globo/Paulo Bellote

Shitake Grelhado

Ingredientes
- 200 gramas de cogumelos tipo shitake
- 1 limão
- 2 colheres (sopa) de azeite
- Ervas a gosto
- Sal e pimenta-do-reino a gosto

Modo de preparo
Esprema o limão e misture o caldo com o azeite, o alho, a pimenta, as ervas e o sal. Mergulhe o cogumelo nesse molho e deixe agir por 30 minutos. Depois, coloque os cogumelos na grelha e vire de vez em quando, sempre pincelando com o molho. Assim que amolecer, sirva.

Dieta Detox

Guia da Boa Saúde

Lasanha de Abobrinha

Ingredientes
- 2 abobrinhas cortadas em fatias
- 2 colheres (sopa) de tofu
- Azeitonas verdes picadas
- 3 tomates maduros
- Molho de tomate pronto
- 1 cebola
- Ervas à vontade

Modo de preparo
Em uma frigideira antiaderente grelhe as abobrinhas em um fio de azeite, salpique ervas sobre elas. Reserve. À parte, corte os tomates ao meio, retire as sementes e coloque-os em uma forma, com orégano e sal. Leve ao forno brando por 20 minutos; assim que esfriar, retire as peles e reserve. Coloque o tofu em um prato, amasse com um garfo e adicione sal, azeite, temperos e ervas a gosto.

Molho
Doure a cebola; coloque o molho de tomate pronto, o suficiente para refogar; refogue e acrescente os tomates cortados, as azeitonas e desligue o fogo em seguida. Salpique com sal. Agora, monte sua lasanha com tofu, abobrinha e tomate.

Opinião de quem conhece a dieta

↗ **Deborah Secco**

❝Com a dieta, o organismo desinchou, melhorou a função intestinal e o metabolismo. Tirei do cardápio alguns alimentos e tudo melhorou.❞

Foto: Divulgação Rede Globo/Ellen Soares

Picolé Detox

Ingredientes
- 8 morangos médios
- 1 copo (americano) de água de coco
- 1/2 chuchu
- 2 folhas de alface
- Adoçante

Modo de preparo
Pique quatro morangos e reserve. Leve ao liquidificador todos os outros ingredientes e bata bem. Acrescente à mistura os morangos picados e coloque em forminhas de picolé. Leve para gelar no congelador

Sexta-feira

Sopa Detox de Lentilhas

Ingredientes
- 1 abobrinha
- 1 chuchu
- 1 xícara (chá) de batata-doce cortada em cubos
- 3 xícaras (chá) de lentilhas
- 1 xícara (chá) de agrião picado
- 1 maço de manjericão
- 1 pitada de cúrcuma
- 2 dentes de alho
- 1 cebola pequena ralada
- Azeite
- Pimenta rosa
- Sal marinho
- Água quente
- 2 castanhas-do-pará torradas e trituradas para decoração

Modo de preparo
Em uma panela, aqueça o azeite e coloque o alho, cebola, pimenta-do-reino e sal. Junte os legumes, menos o agrião e a lentilha, refogue por cinco minutos. Cubra com água e deixe ferver; assim que os legumes estiverem amolecidos retire do fogo. Leve a um liquidificador e bata tudo. Tempere com sal e pimenta rosa. Volte a aquecer juntando as lentilhas que estavam reservadas. Assim que amolecer, junte o agrião e cozinhe por dois minutos. Quando chegar à temperatura, ideal sirva decorado com as castanhas.

Panquecas Detox de Tapioca

Ingredientes
- 1½ colher (sopa) de farinha de tapioca para cada panqueca
- Molho vermelho
- 2 tomates picados
- 1 xícara (chá) de molho de tomate
- ½ cebola
- 1 dente de alho
- Manjericão
- Azeitonas verdes sem caroços

Recheio
- 4 palmitos picados
- 2 colheres (sopa) de milho
- Salsinha e cebolinha picada
- 1 pimentão vermelho em tiras
- 1 colher (sobremesa) de amido de milho
- 1 xícara (chá) de leite de amêndoas

Modo de preparo - Tapioca
Em um frigideira antiaderente faça as tapiocas finas uma a uma. Coloque a massa e deixe chegar ao ponto de cada lado. Reserve.

Molho
Em uma panela, refogue o tomate, cebola e alho. Junte o suco de tomate e adicione o sal e manjericão com ervas. Leve ao liquidificador e bata bem. Volte a panela ao fogo e deixe apurar bem.

Recheio
Em uma panela, refogue a cebola, o alho, o milho e o pimentão. Junte o leite de amêndoas com um pouco de água e o amido de milho. Deixe ferver. Adicione o palmito. Desligue o fogo e monte o prato, alternando a tapioca e o recheio. Depois, cubra com um pouco do molho e sirva em seguida.

Mix Marinado Especial

Ingredientes
- Várias folhas como rúcula, alface roxa e verde, agrião etc., rasgadas.
- 1 cenoura pequena cortada em palitos
- 1 rabanete cortado em tiras
- 1 abobrinha italiana cortada em tiras
- Ervilhas tortas
- Brotos de alfafa

Ingredientes do molho
- ½ xícara (chá) de azeite
- 2 colheres (sopa) de vinagre de maçã
- 1 colher (chá) de sementes de coentro
- 2 colheres (chá) de melado de cana
- Sal marinho
- 1 xícara (chá) de shitake cortado em tiras finas

Modo de preparo
Coloque todos os ingredientes em uma tigela e misture bem. Por fim, adicione os cogumelos e deixe descansar por dez minutos. Coloque as folhas e os demais vegetais em um prato e distribua o molho por cima. Sirva em seguida.

Opinião de quem conhece a dieta

↗ **Letícia Spiller**

"Como de tudo, mas com moderação, faço dieta detox há anos, pois ela deixa meu corpo equilibrado e sem inchaços."

Foto: Divulgação Rede Globo/João Cotta

Suco de Morango, Chuchu e Gengibre

Ingredientes
- 2 xícaras (chá) de morangos
- 1 xícara (chá) de chuchu
- 4 folhas médias de alface
- 1 copo (americano) de água
- Gotas de limão
- Raspas de gengibre
- Gelo e adoçante a gosto

Modo de preparo
Bata tudo no liquidificador, coe, adoce se desejar. Leve para gelar antes de servir.

Sábado

Suco Superverde Detox

Ingredientes
- 1 folha de couve (ou outra folha verde-escura)
- ½ limão inteiro (polpa e casca)
- ½ pepino japonês com casca, cortado em pedaços
- 1 maçã com casca, cortada em pedaços
- 1 punhado de folhas de hortelã
- 1 copo (200 ml) de água gelada

Modo de preparo
Ao cortar a maçã, retire as sementes e o filamento duro do miolo; faça o mesmo com o limão — retire as sementes e o filamento branco do miolo. Junte a maçã, o limão e os demais ingredientes no liquidificador e bata por 3 minutos. Beba sem coar.

Sopa Detox Fast

Ingredientes
- 1 abobrinha
- 1 chuchu
- 1 brócolis pequeno
- 1 xícara (chá) de couve cortada em tiras finas
- 1 maço de manjericão
- 2 dentes de alho
- 1 cebola pequena ralada
- Azeite
- Pimenta-do-reino, pimenta rosa e sal marinho a gosto
- Água quente

Modo de preparo
Em uma panela, aqueça o azeite e coloque o alho, a cebola, a pimenta-do-reino e o sal. Junte os legumes e refogue por cinco minutos. Cubra com água e deixe ferver. Assim que os legumes estiverem amolecidos, retire do fogo. Leve a um liquidificador e bata tudo. Tempere com sal e pimenta rosa. Volte a aquecer. Sirva quando estiver na temperatura ideal.

Opinião de quem conhece a dieta

↗ **Gustavo Chicarelli**

"Sou um estudioso das misturas e sabores e na cozinha deixo a criatividade livre, o resultado são pratos saudáveis, desintoxicantes e muito saborosos!"

Foto: Divulgação acervo pessoal - TV Culinária Saudável -https://www.facebook.com/Cu...
Canal Gustavo: https://www.youtube.com/use...

Dieta Detox

Mistura Especial

Ingredientes
- 2 nozes picadas
- 1 banana-passa picada
- 1 ameixa
- 3 colheres (sopa) de amaranto
- ½ maçã

Modo de preparo
Misture todos os ingredientes e sirva em seguida.

Opinião de quem conhece a dieta

↗ **Giovanna Antonelli**

"A dieta detox entrou em minha vida com minha nutricionista, desde então, venho ingerindo apenas alimentos naturais."

Foto: Divulgação Rede Globo/Estevam Avellar

Suco Detox Green

Ingredientes
- 1 copo (americano) de suco de laranja
- ¼ de pepino
- Folhas de salsa
- 1 fatia de abacaxi
- 1 folha de couve
- Gelo e adoçante a gosto

Modo de preparo
Leve todos os ingredientes ao liquidificador e bata bem. Sirva em seguida. O adoçante é opcional.

Molho de Alecrim para Salada

Ingredientes
- 2 colheres (sopa) de azeite
- Suco de um limão
- 5 ramos de alecrim fresco (cerca de 5 g)
- 1 dente de alho
- 1 colher (chá) de orégano seco
- 1 colher (sobremesa) de gergelim preto
- Pimenta-do-reino e sal marinho a gosto

Modo de preparo
Misture bem todos os ingredientes; sirva em uma molheira.

Lasanha de Berinjela Detox

Ingredientes
- 2 berinjelas cortadas em fatias
- 2 colheres de tofu
- 3 tomates maduros
- Molho de tomate pronto
- 1 cebola
- Ervas à vontade

Modo de preparo
Em uma frigideira antiaderente, grelhe a berinjela em um fio de azeite. Se desejar, salpique ervas sobre elas. Reserve. À parte, corte ao meio os tomates, retire as sementes e coloque-os em uma forma com orégano e sal. Leve ao forno brando, por 20 minutos. Assim que esfriar, retire as peles e reserve. Coloque o tofu em um prato, amasse com um garfo e adicione sal, azeite, temperos e ervas a gosto.

Molho
Doure a cebola; coloque o molho de tomate pronto, o suficiente para refogar; refogue e acrescente o tomate reservado; desligue o fogo em seguida. Salpique com sal. Agora, monte sua lasanha com berinjela, tofu e tomate.

Opinião de quem conhece a dieta

↗ Tatá Werneck

"*Na novela Em Família a comida era de verdade e acabei engordando. Graças à dieta detox consegui recuperar a antiga forma.*"

Foto: Divulgação Rede Globo/João M. Junior

Dieta Detox

Domingo

Risoto de Quinoa com Legumes

Ingredientes
- 100 gramas de quinoa branca, preta ou vermelha
- Reúna alguns vegetais que mais gosta (abobrinha, pimentão amarelo, pimentão vermelho, cenoura, milho etc.)
- 4 aspargos
- 100 gramas de cogumelos
- 4 tomates tipo cereja
- 5 azeitonas verdes
- 250 ml de creme de leite light
- Azeite
- Queijo tofu temperado
- Sálvia, cebolinha, salsinha, tomilho e manjericão a gosto

Modo de preparo
Cozinhe a quinoa sem tempero e reserve. Para cozinhar, use um copo (americano) de quinoa para um copo (americano) de água. Corte os legumes em quadrados e refogue em óleo ou azeite. Junte a quinoa aos legumes refogados. Mexa bem, misture e acrescente o creme de leite, o tofu e o milho, até ficar cremoso.

Maionese com Legumes

Ingredientes
- 250 gramas de tofu
- 1 colher (sobremesa) de azeite
- 2 colheres (sopa) de suco de limão
- 1 colher (sobremesa) de mostarda
- Sal a gosto
- Legumes variados (vagem, batata, cenoura)
- Azeitonas para decorar

Modo de preparo
Bata todos os ingredientes (menos os legumes) no liquidificador até obter um creme homogêneo. Leve a mistura à geladeira. Leve os legumes para cozinhar cortados em pedaços médios ou pequenos. Assim que estiverem macios, retire da panela e envolva-os no creme de maionese. Sirva em seguida decorado com azeitonas

Barra de Cereais

Ingredientes
- 2 colheres (sopa) rasas de linhaça dourada
- 5 colheres (sopa) de nozes
- 5 ameixas pretas sem caroços
- 9 damascos secos
- 1 banana média
- ½ xícara (chá) de quinoa em flocos
- ½ xícara (chá) de aveia em flocos
- 2 colheres (sopa) de gergelim torrado
- 1 colher (sopa) rasa de óleo
- 4 colheres (sopa) de agave

Modo de preparo
Coloque a linhaça de molho na água por exatos 15 minutos; pique as ameixas, nozes e damascos em pedaços bem pequenos e coloque na panela. Amasse a banana e coloque na mesma panela, junto com os demais ingredientes, incluindo a água em que a linhaça ficou de molho. Mexa tudo e misture bem, leve ao fogo por cinco minutos só para dar liga. Agora, coloque a massa em uma forma untada com óleo. Com uma colher, pressione levemente a massa, de forma a deixá-la sem gomos e deixe descansar. Com a ponta de uma faca risque o tamanho das barrinhas e deixe a massa descansar. Leve ao forno preaquecido à temperatura de 180 graus por 30 minutos ou até dourar. Retire do forno para não ressecar e deixe esfriar, corte as barrinhas e sirva.

Opinião de quem conhece a dieta

↗ **Camila Rodrigues**

"Sou adepta do detox porque me trouxe animação e equilíbrio, especialmente melhorou meu sono."

Foto: Divulgação Rede Globo/João M. Junior

Entrevista com
Gabriela Bayerlein
Fitness Model e Musa do Fisiculturismo

Admiradora do corpo perfeito, com linhas e músculos bem definidos, Gabriela Bayerlein é uma estudiosa desta máquina tão complexa que é o corpo humano, e não se descuida da alimentação! Atleta oficial da Seleção Brasileira de Fisiculturismo e Musculação, Gabriela é a primeira brasileira a competir na categoria *Fitness Model* que se classifica entre as cinco melhores do mundo.

Você acha recomendável desintoxicar o organismo? Com que frequência e por quê?
Gabriela Bayerlein: Acho bem importante fazer esta "limpeza" no organismo para ajudá-lo em suas funções. Em minha opinião, isso deve ser feito ao menos uma vez por semana, de forma leve, usando apenas um suco detox, preferencialmente, na segunda-feira, início da semana, para entrar no ritmo.

A alimentação ainda é o melhor caminho para ter êxito no processo de desintoxicação?
GB: Sim, uma boa alimentação, aliada à suplementação e treino trazem excelentes resultados e todos visíveis em pouco tempo.

Qual a sua receita infalível para ajudar a desintoxicar o organismo?
GB: É o suco de melancia super detox.

O fumante pode fazer a dieta detox?
GB: Acredito que sim, pois a dieta detox só traz benefícios ao organismo. Mas é claro, antes de qualquer coisa, é sempre bom procurar um nutricionista e/ou um endocrinologista.

Você faria a dieta dos sete dias detox?
GB: Na verdade, nunca fiz a dieta detox porque vivo isso *diariamente*. Como sou Fisiculturista e Modelo Fitness minha dieta prioriza proteínas e pouco carboidratos, que é o oposto da dieta detox. Agora, quando saio da dieta, sempre tomo um suco detox no dia seguinte.

Suco de Melancia Super Detox

Ingredientes
- 1 fatia de melancia
- 200 ml de água de coco
- 1 folha de couve
- 3 rodelas de gengibre
- Folhas de hortelã
- Adoçante estévia ou sucralose a gosto

Modo de preparo
Leve ao liquidificador todos os ingredientes e bata bem. Tome com cubinhos de gelo; enfeite a borda do copo com um triângulo feito de polpa de melancia.

Esclareça as Dúvidas sobre Detox

➤ Como posso deixar os alimentos mais saborosos?
Para acentuar o sabor dos alimentos, experimente cozinhá-los no vapor e adicionar ervas e especiarias. Marinar também pode ser uma excelente opção, especialmente alimentos como cogumelos e outros legumes.

➤ O que fazer quando é preciso almoçar ou jantar fora?
Quando for almoçar fora de casa, lembre-se que a atenção deverá ser redobrada. Se possível, coma uma fruta antes de sair e leia o cardápio calmamente, para fazer com cautela as mudanças ou substituições que podem ser feitas. E lembre-se: todo local possui uma salada gostosa, um grelhado ou algo mais leve. Basta baixar a ansiedade, respirar e escolher o alimento certo.

➤ Como criar opções em restaurantes que oferecem somente massas, por exemplo?
Basta comer sem exagero e, no dia seguinte, desintoxicar-se. Nada é irremediável, a vida é leve e tudo pode ser recuperado. Lembre-se disso.

➤ Deve-se comer de quanto em quanto tempo?
Segundo a nutricionista Adriana Ávila (uma especialista em nutrição hospitalar, do Centro Universitário São Camilo), o ideal é comer de três em três horas, o que proporciona intervalos precisos entre as seis refeições do dia, café, lanche, almoço, lanche, jantar e a ceia, que é opcional, antes de dormir. Tal atitude é importante, pois alimentando o organismo com pequenas porções fracionadas ao longo do dia, o metabolismo não descansa e estará sempre acelerado e em atividade.

10 DICAS PARA UMA ALIMENTAÇÃO *Detox*

1 Para sua alimentação detox ter êxito, lembre-se de ter sempre ao seu alcance alimentos funcionais (naturais) que são fontes de fibras e vitaminas, bons para o organismo. É o caso de aveia, frutas, grãos, sementes, legumes e verduras.

2 Isso é muito importante porque os alimentos funcionais capturam e eliminam as toxinas que seu organismo não precisa, excretando-as por meio da urina, dos fluidos e do suor.

3 Seu cardápio após consulta com uma nutricionista pode ser feito com pouca ou sem qualquer proteína animal ou só com líquidos (sucos, sopas, chás e refrescos), mas lembre-se que essa decisão deve ser tomada em conjunto com seu médico.

4 Para manter o sucesso alcançado com sua dieta, após o fim dela, experimente uma vez por semana ou a cada 15 dias ter um "dia detox" para seu organismo.

5 A chia protege o organismo de inflamações e dá saciedade — lembre-se disso na próxima compra.

6 Prepare seu organismo antes de iniciar a mudança de cardápio com uma semana restritiva, na qual você tira os alimentos proibidos aos poucos e os substitui pelos alimentos funcionais.

7 Não esqueça que para a alimentação detox ter início é preciso organizar a geladeira e os armários onde guarda alimentos. Vá ao mercado e compre: maçã, aveia, chia, chá-verde, sementes oleaginosas, frutas e verduras e muita água.

8 Durante a dieta procure ocupações prazerosas como nadar, relaxar, ouvir música, dançar, ler, limpar a pele, dormir; faça acupuntura e massagem.

9 Faça a opção por mais alimentos crus — você pode ter uma agradável surpresa com os sabores que vai experimentar.

10 Comer ameixas regularmente é o melhor tratamento para os intestinos. Abuse dos sucos e chás — você não imagina o quanto fazem bem! Experimente congelar seus sucos preferidos para consumir na forma de picolés deliciosos!

Copyright © 2014 by Ediouro Publicações Ltda.

Todas as marcas contidas nesta publicação bem como os direitos autorais incidentes são reservados e protegidos pelas Leis n.º 9.279/96 e n.º 9.610/98. É proibida a reprodução total ou parcial, por quaisquer meios, sem autorização prévia, por escrito, da editora.

DIRETORIA: Jorge Carneiro e Rogério Ventura; **Diretor Editorial:** Henrique Ramos; **REDAÇÃO: Editor-chefe:** Daniel Stycer; **Editoras:** Eliana Rinaldi e Renata Meirelles; **Equipe Editorial:** Maria José Batista, Adriana Cruz, Sandra Ribeiro, Débora Justiniano, Hugo Wyler Filho, Juliana Borges, Lívia Barbosa, Verônica Bareicha, Daniela Mesquita, Dalva Corrêa e Maria Flavia dos Reis; **ARTE:** Leo Fróes; **Designers:** Franconero Eleutério, Julio Lapenne, Thiene Alves, Leandro L. Silva, Raquel Soares, Jefferson Gomes e Laércio Costa; **Edição e Tratamento de Imagem:** Luciano Urbano e Reinaldo Pires; **Diagramação:** Maria Clara Rodrigues e Evandro Matoso; **Produção Gráfica:** Jorge Silva; **Tecnologia da Informação:** Márcio Marques; **Marketing:** Bernadette Caldas (gerente), Cássia Nascimento, Juliana Ferreira, Patrícia Reis, Everson Chaves, Renato Cavalcanti e Luiza Martins; **Controle:** William Cardoso e Clayton Moura; **Circulação:** Luciana Pereira, Sara Martins, Wagner Cabral e Alexander Lima; **EDIOURO PUBLICAÇÕES DE PASSATEMPOS E MULTIMÍDIA LTDA.** Rua Nova Jerusalém, 345, CEP 21042-235 — Rio de Janeiro, RJ. Tel.: (OXX21) 3882-8200, Fax: (OXX21) 2290-7185; **Distribuição:** DINAP S.A. Estr. Dr. Kenkiti Shimomoto, 1678 — Jardim Conceição, Osasco, SP. Tel.: PABX (0XX11) 3789-3000.

Atendimento ao leitor:
0300-3131345 (custo de uma ligação local),
(OXX21) 3882-8300 (ligação local, RJ)

www.coquetel.com.br

PROJETO E REALIZAÇÃO

CRIATIVO MERCADO EDITORIAL

PUBLISHER
Carlos Rodrigues
DIRETORA FINANCEIRA
Esilene Lopes de Lima
AUTORA
Jeanne Margareth
DIREÇÃO DE ARTE
Marcelo Almeida
EDITOR
René Ferri